CHEMIN DE FER

DE

SAVONE A TURIN

Seconde ligne du Piémont à la mer

PARIS

IMPRIMERIE SERRIERE ET C°, 123, RUE MONTMARTRE

FONDERIE — CLICHERIE — GALVANOPLASTIE

1860

CHEMIN DE FER

DE

SAVONE A TURIN

1859

PARIS. — IMPRIMERIE SERRIERE, 123, RUE MONTMARTRE.
Fonderie, Clicherie, Galvanoplastie

A MESSIEURS GOMBERT ET Cie, CONCESSIONNAIRES

Après avoir été, pendant plusieurs années, le sujet de controverses passionnées dans la presse, dans les chambres et au sein même du Gouvernement, le projet d'un second chemin de fer, à établir entre la capitale du Piémont et la mer, est sorti victorieux des longues épreuves qui lui furent imposées.

Le décret du 16 octobre dernier, qui approuve la concession de cette voie ferrée à la Société Gombert et Cie, ferme l'ère des discussions pour ouvrir celle de la mise en œuvre, sanctionnant le résultat de l'enquête ouverte dans le pays, au sujet de cette importante question. En effet :

Soixante et dix conseils communaux, celui de la capitale en tête, avaient, par délibérations, conclu à la réalisation du chemin de fer de Savone ;

Douze assemblées provinciales et divisionnaires avaient émis et réitéré leurs vœux en sa faveur ;

Le conseil général des chemins de fer s'était prononcé pour lui à l'unanimité dans la séance du 12 juin 1856 ;

La chambre Royale d'agriculture et de commerce l'appuyait de la façon la plus énergique, par son adresse au ministre des finances, en date du 5 juin 1856 ;

Des hommes de guerre éminents l'avaient jugé comme un instrument puissant pour la défense du pays ;

Cent et un députés en avaient constaté l'utilité, dans le parlement, lors de la mémorable discussion des 18 et 19 mai 1857, en faisant introduire un amendement à la loi du chemin de fer du littoral ;

Le ministère, par l'organe de son illustre président M. le comte de Cavour, avait, en cette occasion, reconnu et proclamé la nécéssité d'un second chemin de fer du Piémont à la mer et la convenance du port de Savone comme tête de ligne ; réservant, toutefois, aux autres villes situées sur la côte occidentale de la Ligurie, la faculté de faire valoir leurs droits respectifs à cet égard.

Par suite, une enquête ayant été ouverte le 19 décembre 1857, onze projets avaient surgi, se disputant le point de départ et la direction de la ligne future. — Après quatre mois d'études comparatives, la commission, composée d'hommes choisis par le Gouvernement, entre les plus distingués dans les diverses branches de l'administration publique, s'était prononcée unanimement en faveur du chemin de fer de Savone, dans son rapport du 29 avril 1858.

Des discussions ayant été soulevées ensuite sur le mérite du tracé et sur les conditions économiques de la ligne, une commission nouvelle, composée exclusivement d'hommes de l'art, avait reçu mission, le 16 juillet 1858, de vérifier les études et les devis, et de recueillir les éléments de l'exploitation. — Après huit mois d'un travail minutieux et complet, cette commission avait reconnu l'exactitude des opérations techniques, fixé le chiffre des dépenses de premier établissement, et rendu manifestes, par son rapport du 16 mars 1859, les bonnes conditions économiques de l'entreprise, en déclarant qu'il suffirait d'un revenu brut de 29,254 francs par kilomètre, pour assurer le produit net de 5 p. 100.—Or, les précédents travaux statistiques avaient déjà démontré que le revenu brut dépasserait un tel chiffre, au début même de l'exploitation.

Enfin, la chambre des députés, saisie du projet de loi, dans la séance du 14 juin 1858, l'avait approuvé dans ses bureaux, à une très grande majorité, et le rapport déposé, le 28 du même mois, par ses commissaires, avait conclu à l'adoption de la loi.

L'interruption des séances de la chambre et sa prorogation, après la déclaration de guerre, avaient retardé un vote qui ne laissait plus aucun doute.

Si je rappelle, Messieurs, cette série de faits présents à vos souvenirs, comme ayant marqué la marche lente, mais toujours progressive de l'affaire qui vous unit, c'est pour en conclure :

1° Que le Roi, lorsqu'il a usé des pleins pouvoirs qui lui étaient conférés, en décrétant, le 16 octobre dernier, la concession définitive du chemin de fer de Savone, a accompli un acte de haute justice; acte dont la grande portée et la parfaite convenance s'appuyent sur les démonstrations les plus complètes; acte qui était depuis longtemps préparé, élucidé, ardemment sollicité, impatiemment attendu;

2° Que le chemin de fer de Savone à Turin, en subissant de longs retards et des épreuves multipliées, a acquis, par le temps, les études et les discussions, l'avantage inappréciable d'une maturité complète, et qu'il peut se produire, aujourd'hui, devant le monde des affaires, fort de l'assentiment des hommes d'État, des ingénieurs, des économistes, des publicistes, des commerçants et des industriels du pays.

Les opinions, en effet, s'accordent maintenant pour reconnaître que si, avant la guerre, le chemin de fer de Savone était déjà utile et nécessaire, comme complément du réseau des voies ferrées des Etats Sardes, depuis les faits récents qui ont eu pour résultat l'agrandissement de ce royaume, la ligne dont il s'agit est devenue indispensable au commerce, à l'agriculture, à la défense du pays, aux besoins présents et au développement incessant de ses relations intérieures et extérieures.

Le temps, les événements et la discussion ayant ainsi mis à jour les ressources fécondes qui assurent au chemin de fer de Savone à Turin un trafic considérable, vous pouvez compter et affirmer, sans inquiétude, que cette entreprise est destinée à prendre rang parmi les affaires les plus sérieuses et les plus florissantes de notre époque.

Les preuves surabondent à l'appui de cette proposition, et vous ne serez embarrassés que par le choix à faire parmi les documents.

Veuillez agréer, Messieurs, l'assurance de ma considération très distinguée,

Emile PELARD,

Ingénieur.

Turin, le 10 décembre 1859.

CHEMIN DE FER DE SAVONE

Tracé de la ligne. — Provinces et Communes qu'elle traverse. — Population. Industrie. — Commerce.

Le second chemin de fer du Piémont à la mer, a son point de départ à Savone, l'un des ports de première classe de l'Etat Sarde, d'après la loi du 24 juin 1852. — Il traverse la chaîne de l'Apennin, en suivant les vallées qui ont été reconnues les plus propices. Dans ce parcours il rencontre d'abord les mines de Cadibona, qui sont exploitées sur une vaste échelle, et fournissent de grandes quantités de lignite, seul combustible fossile que possède le Piémont. — La même station desservira la commune d'Altare, dont toute la population vit du travail des verreries. Plus loin la ligne rencontre les usines à fer de Ferrania, et vient toucher à Carcare, qui sera l'entrepôt du groupe des forges de la province. Ces établissements tirent leurs minerais de l'île d'Elbe et leurs fontes de la Toscane ou de l'Angleterre, par le port de Savone, auquel ils renvoient la presque totalité de leur production en fer.—De cette dernière station devra se détacher plus tard un embranchement très important, qui ira rejoindre le chemin de fer d'Acqui à Alexandrie, et complétera ainsi l'artère par laquelle le port de Savone écoulera les marchandises de son commerce vers la Lombardie, par Cairo, Acqui, Alexandrie, le chemin de fer d'Arona et la jonction des chemins Sardes aux chemins Lombards.

Après avoir quitté Carcare, la ligne se dirige sur Ceva, en passant par les vallées dites de la Bormida, et en desservant la ville de Cairo, celle de Millésimo et ses belles carrières de pierres de taille; les communes de Cengio, Salicetto et Sale.

Ceva, point important, est destiné à devenir un grand entrepôt. C'est là en effet, que se réunissent la route royale de Savone et la grande route de Nice, par Oneglia, à laquelle aboutissent déjà les routes d'Albenga et de Finale.—C'est là encore que débouche la vallée supérieure du Tanaro. C'est à la station de Ceva que viendront, par conséquent, emprunter la voie ferrée, les marchandises des provinces maritimes d'Albenga et d'Oneglia; les produits de la vallée supérieure du Tanaro, siége d'exploitations de lignites, déjà importantes, et qui sont destinées à prendre un grand développement par les facilités que leur fourniront les nouveaux moyens de transport. — Cette vallée renferme en outre les verreries de Garessio et de Nocetto, les forges d'Ormea; des bois et d'autres matériaux de construction; des carrières de marbre remarquables, qui n'attendent qu'un débouché pour être exploitées sur une vaste échelle. — Des études ont été faites pour établir un chemin de fer, à traction de chevaux, dans cette intéressante vallée du haut Tanaro ; et l'embranchement projeté viendra se souder, sur la ligne principale, à la station de Ceva.

A partir de celle-ci, le chemin de fer se développe en descendant la grande et belle vallée du Tanaro, si féconde en toutes sortes de produits agricoles, si renommée par la quantité et la qualité des vins qu'elle produit, et qui ont aujourd'hui tant de difficultés à s'écouler, dans les anciennes et les nouvelles provinces de l'État, faute d'une voie de transport économique et commode.—En longeant cette vallée, le chemin desservira la multitude des petites villes et des villages qu'on découvre sur les deux rives, et qui en font une des provinces les plus peuplées.

Il rencontre d'abord Lesegno, Niella, Ciglie et la Bastia, d'où se détachera bientôt un embranchement de neuf kilomètres sur Mondovi.—Puis il touche à Carru, Clavesana, Farigliano et Piosso.

La station, près Monchiero, desservira, tout à la fois, cette commune, celles de Lequio et de Monforte, ainsi que la ville de Dogliani.

La station suivante desservira ensemble Narzole, Novello et Barollo.— En suivant toujours le Tanaro, la ligne passe au pied de la ville de Cherasco, puis elle abandonne cette riche vallée, en passant auprès de la résidence royale de Pollenzo, pour venir à Bra, ville dont l'importance s'accroît, de jour en jour, par le développement de son commerce, et dont le marché est un des plus fréquentés du Piémont.

Il n'est pas douteux qu'une voie ferrée s'établira, très prochainement, le long du cours inférieur du Tanaro, partant de Bra ou de Cherasco, pour aller desservir la ville et la province d'Alba, et se porter sur le chemin de fer de l'État à Asti, ville de vingt-cinq mille âmes. D'autres projets, déjà très avancés, tendent à pousser cette artère importante jusqu'à Casale, où certainement elle ne s'arrêtera pas, lorsqu'elle n'aura plus à traverser qu'une courte étendue, pour arriver jusqu'à la Lombardie.

A partir de Bra, le chemin de fer de Savone se dirige à travers une magnifique plaine, merveille de fécondité et de culture.—Il touche successivement Bandito, Sanfré et Sommariva del Bosco, passe par Caramagna, et arrive à Carmagnola, un des marchés les plus abondamment approvisionnés du pays, lieu de transactions commerciales très considérables.

C'est à Carmagnola que le chemin de fer de Savone vient opérer, jusqu'à nouvel ordre, sa jonction avec le chemin de fer de Savigliano à Turin, chemin qu'il emprunte jusqu'à la capitale.—Mais la loi de concession réserve à la Société, le jour où son service aurait à souffrir de cet arrangement, la faculté de continuer son chemin jusqu'à Turin, suivant le tracé direct, par la ville de Carignano, en touchant aux communes de Loggia et de Nichellino, avec une entrée spéciale dans la Capitale.

Dans le parcours qui a été indiqué, la nouvelle ligne traverse successivement les provinces de Savone, Mondovi, Alba et Turin, et s'approche, suffisamment pour leur être utile, des provinces d'Acqui, Cuneo, Saluzzo, Asti et Pinerolo. Elle traverse les territoires de vingt-deux communes et en dessert soixante-quatre.

Mais ce n'est pas seulement à ces chiffres que la ligne emprunte son importance. Il faut tenir compte d'un élément plus complet, et la carte annexée aux présentes notes, montre, par la différence des couleurs, la partie du royaume qui doit se servir de la nouvelle ligne pour ses communications avec la mer, et la portion qui peut être plus utilement desservie par le port de Gênes et le chemin de fer de l'État.

— La simple inspection de cette carte donne l'idée de la grande importance du second chemin de fer du Piémont à la mer. — On remarquera que les nouvelles provinces de la Lombardie n'y figurent point : cela tient à ce que la carte a été dressée avant les derniers événements. — Mais, nous l'avons déjà indiqué plus haut, la construction de l'embranchement de Cairo à Acqui ouvrira le marché de la Lombardie au port de Savone, comme il est ouvert déjà au port de Gênes ; de sorte que l'on peut considérer les nouvelles provinces comme destinées à être servies, dans leurs rapports avec la mer, partie par le chemin de fer de l'Etat et partie par le chemin de fer de Savone.

Pour compléter l'explication générale de la destination du chemin qui nous occupe, il faut emprunter à l'avenir la solution des deux grandes œuvres récemment entreprises : le percement des Alpes au mont Cenis et l'ouverture du canal maritime de Suez.

Le premier de ces ouvrages gigantesques sera terminé contemporainement avec le chemin de fer de Savone, et lui ouvrira le marché de la Savoie et d'une partie de la Suisse.

En effet, par le système des chemins de fer en construction et de là ligne qui nous occupe, les marchandises venant par voie maritime, et destinées à la Savoie et à la Suisse méridionale, auront à parcourir cent kilomètres de moins environ par le chemin de fer de Savone que par les lignes de la Méditerranée, de Lyon à Genève, etc., et seront affranchies des formalités et des entraves de la douane.

L'ouverture du canal de Suez, de son côté, ramenant le commerce de l'Asie à son ancienne route, un courant de marchandises très considérable s'établira de la Méditerranée au centre de l'Europe par le Piémont; et le chemin de fer de Savone sera l'une des voies par lesquelles ce courant s'établira.

Jusqu'ici nous avons parlé de la direction du chemin de fer qui va se construire ; il nous reste à dire quelques mots des pentes et des rampes imposées à son profil par le relief et les accidents du terrain.

Seule, à cet égard, la traversée de l'Apennin présente quelque parti-
cularité; car, depuis qu'il débouche dans la vallée du Tanaro jusqu'à son
terme définitif, le profil se maintient dans la mesure des pentes et des
rampes communes à toutes les lignes.

On sait que la faible distance, qui sépare de la mer la crête des Apennins, n'a point permis, lors de la construction du chemin de fer de Gênes,
d'établir cette voie sans avoir recours à des rampes exceptionnelles de
25, 27 et jusqu'à 35 millimètres par mètre, ainsi qu'aux plus puissants
moyens de traction qu'offre la mécanique.

Les premières études faites pour la voie ferrée de Savone laissaient
craindre qu'il en fût de même sur le second chemin de fer du Piémont
à la mer. Toutefois, on était parvenu à ne pas dépasser la limite de 27 millimètres par mètre.

Les concessionnaires firent exécuter alors de nouvelles recherches, et
ce travail permit d'abaisser à 25 millimètres le maximum de la rampe,
pour gravir l'Apennin.

Enfin, dans ces derniers temps, une troisième étude a eu pour résultat
d'établir le profil du chemin de fer sans excéder la limite de 24 millimètres par mètre, en ménageant plusieurs plans horizontaux intermédiaires;
et il y a certitude que cette limite sera abaissée encore jusqu'à 20 millimètres sans difficulté sérieuse.

Ce point était extrêmement important à constater, car on connaît les
grands obstacles auxquels est assujéti le chemin de fer de l'Etat, entre
Gênes et Novi, en raison des fortes rampes qui motivent la décomposition
des trains, commandent l'emploi de machines exceptionnellement puissantes, pour remorquer un poids utile assez restreint; occasionnent un
ralentissement très fâcheux dans le service, et accroissent considérablement les dépenses.

Au point de vue des difficultés de la traction, le chemin de fer de Savone, dans le passage de l'Apennin, présente des conditions de pentes
plus favorables que celles du chemin de fer du Jura suisse; plus avanta-
geuses que celles de la traversée des Apennins sur le chemin de fer de

Gênes et sur le chemin de l'Italie centrale, entre Pistoja et Bologne; incomparablement meilleures enfin que celles du chemin de fer qui, partant de Trieste, traverse les Alpes noriques, pour aller en Autriche.

C'est dire que l'exploitation de la ligne de Savone ne réclame aucun de ces efforts extraordinaires, avec lesquels la mécanique s'est maintenant familiarisée, et que les frais d'exercice resteront, par conséquent, dans les termes ordinaires de toute exploitation bien ordonnée.

L'obligation de passer successivement d'une vallée dans une autre, pour traverser le massif de l'Apennin, entraîne le percement de plusieurs tunnels; mais heureusement aucun de ces ouvrages ne soulève de graves difficultés, vu la nature des terrains. La plupart, en effet, seront ouverts dans la mollasse, matière compacte et imperméable, mais d'un travail facile et rapide.

On ne rencontre d'ailleurs sur le chemin de fer de Savone, aucun de ces importants ouvrages d'art qui, s'écartant des proportions usitées, commandent des sacrifices extraordinaires de temps et d'argent.

SAVONE

Sa situation. — Son port. — Rade de Vado. — Mouvement de la navigation. — Résumés officiels.

Sur la côte occidentale de la Ligurie, à 45 kilomètres de Gênes, est placée, au fond d'un golfe, Savone, ville de 19,000 habitants, capitale du département de Montenotte sous l'empire français, aujourd'hui chef-lieu d'une intendance générale peuplée de 245,000 habitants (1).

Une route royale traverse les Apennins, pour relier Savone au Piémont.

Du haut des montagnes qui protégent Savone contre les vents du nord et de l'ouest, le regard embrasse un panorama magnifique; Savone, son port, la rade de Vado, des sites pittoresques, des coteaux couverts d'habitations et d'une végétation riche et variée.

Le chemin de fer amènera certainement dans ces belles régions les voyageurs de tous les pays, permettra d'exporter au loin les productions de cette contrée si favorisée par la nature et par son climat, ainsi que les produits de son industrie. Savone est une cité qui possède 3 fonderies,

---

(1) L'*Encyclopédie géographique*, imprimée à Venise en 1853, dit à l'article *Savone* :

« Port de mer, le plus sûr de la Méditerranée, qui, dans une longueur de près de 900 mètres,
» avec une superficie de 171,000 mèt. carrés, s'étend en demi-cercle entre les maisons de la ville
» et l'esplanade le *Môle*, avec direction au sud, où il forme une véritable darse; entouré d'am-
» ples et beaux quais commodes pour le déchargement et le chargement des marchandises,
» ainsi que pour le radoub et le carénage des navires; et, pour cela, préféré par les naviga-
» teurs, qui y trouvent, d'ailleurs, en abondance, du bois, des ustensiles de tout genre, et
» économie de frais. L'aspect de ce port a quelque ressemblance avec celui du Hâvre sur
» l'Océan, et avec le canal de la Giudecca à Venise. »

24 fabriques de pâtes dites de Gênes, de savon, de porcelaines, 29 briqueteries, 40 usines pour la poterie, et beaucoup d'industries diverses.

Mais ce qui rend surtout Savone remarquable, c'est son heureuse situation commerciale : elle est placée sur le point du littoral le plus rapproché du Piémont, dans le lieu où la chaîne des Apennins est le moins élevée.

Depuis des siècles, Savone était appelée le *Port du Piémont*. On trouve, en effet, dans les documents conservés aux archives municipales, la preuve que la région intérieure du pays, connue sous l'ancienne dénomination de *Langhe*, payait un tribut volontaire pour l'entretien de ce port.

Toute la côte, depuis Nice, est couverte d'une suite non interrompue de villes et de bourgs, peuplés de marins connus par leur activité.

Mais, de Nice à Gênes, il n'y a qu'un port véritable, celui de Savone.

Partout ailleurs, on ne trouve que des rades peu sûres. Des plages ouvertes à tous les vents, où les opérations de commerce sont souvent contrariées, les vaisseaux étant obligés de lever l'ancre pour se réfugier à Savone.

Le port de Gênes, lui-même, est exposé à l'action des vents et de la mer agitée; les avaries y sont considérables; souvent, surtout en hiver, on est obligé de suspendre les déchargements.

Le port de Savone, au contraire, est parfaitement sûr.

« Rien ne paraît plus favorable que la position de Savone, dit M. de
» Chabrol dans sa statistique. Le golfe, formé par le rocher Saint-Georges
» est abrité des vents d'ouest et sud-ouest, des vents du nord, d'une par-
» tie de ceux du levant, à raison de la direction générale des côtes. —
» Nous ne nous arrêterons pas à faire valoir la situation de Savone sous le
» rapport commercial : la communication facile et directe avec le *Pié-*
» *mont*,... la sûreté de son port lui assurent des avantages incontes-
» tables. »

A côté de Savone est la belle rade de Vado, protégée d'un côté par la forteresse de Savone, et des autres côtés par plusieurs forts.

« La rade de Vado, continue M. de Chabrol dans sa statistique, est re-
» connue pour être la meilleure et la plus sûre, depuis les limites de la

» France jusqu'au golfe renommé de la *Spezzia*. Elle est abritée des vents
» du nord par les contreforts qui appuient les Apennins, des vents d'ouest
» et sud-ouest par les montagnes qui forment le cap ; enfin, la direction
» des côtes du golfe de Gênes, et notamment les caps de Celle et Aren-
» zano la garantissent presque entièrement des vents d'est.

» Cette rade est un asile qui ne présente de danger dans aucune sai-
» son ; elle peut abriter des flottes nombreuses et des vaisseaux de tout
» rang ; le service des chaloupes peut s'y faire constamment, si l'on en
» excepte quelques jours de l'année, pendant les vents de traverse ; enfin,
» les flottes peuvent y pénétrer et en sortir quels que soient les vents ré-
» gnants, et pendant les tempêtes les plus redoutables.....

» La sûreté de cette rade tient encore à la nature du fond, qui se com-
» pose d'une argile tenace, dans laquelle l'ancre mord avec tant de faci-
» lité, que les vaisseaux en mouillage sont obligés de la soulever de
» temps à autre, pour ne point la laisser trop enraciner, et que l'on a
» vu, dans les tempêtes, des bâtiments mouillés avec un canon attaché
» à leur cable, sans éprouver aucun accident par les temps les plus
» orageux. »

Depuis que M. de Chabrol a écrit ces lignes, il a été fait des améliora-
tions importantes.

Par la loi du 24 juin 1852, le port de Savone, déclaré de première classe,
et la rade de Vado, rangée parmi les ports de deuxième classe, ont été mis
à la charge du gouvernement.

On a augmenté les quais de Savone, allongé le môle à l'entrée du port,
fondé un nouveau môle à la partie opposée, entrepris l'excavation du port,
dont le fond est très-facile à creuser. La profondeur de l'eau doit être portée partout au maximum de 8 mètres.

A une sécurité absolue dans toutes ses parties, ce port réunit commodité
et économie dans les transbordements.

Dans le bâtiment de la douane, qui appartient à la ville, les marchandises
jouissent d'un dépôt gratuit.

On lit dans l'ouvrage estimé de Garello, *Traité général du Commerce*, imprimé en 1844 :

« Il y a à Savone un transit très-important de marchandises pour le Pié-
» mont, activé par la modicité des frais. Un bâtiment, en arrivant à Sa-
» vone, peut accoster le rivage, les marchandises sont de suite mises sur
» les chars, avec une dépense de 12 centimes par cantare (25 centimes le
» quintal métrique). — Les portefaix ne jouissent d'aucun privilége et
» leurs honoraires sont très–modérés. (1) »

Grâce à ces avantages naturels, et malgré la révolution opérée par le chemin de fer de Gênes, entièrement ouvert en 1853, le port de Savone, privé de ce moyen économique de transport, a pu retenir une notable partie du commerce. Sa douane rend plus à l'État que les quatre douanes de Nice, d'Albenga, d'Oneille et de San-Remo.

(1) On ne saurait en dire autant de Gênes, où l'espace manque, où le port est, en partie, peu sûr, où les opérations sont longues et coûteuses. *Voir le rapport de la Commission du Conseil municipal de Gênes du 14 juillet 1851.*

A Gênes, on paie pour débarquer les marchandises, depuis le *Corvo* jusqu'au port, 2 francs la tonne, y compris le service des hommes au *Corvo* pour charger les bateaux en l'absence des marins.

On paie, par jour, 6 francs par bateau, compris le remorquage jusqu'au pont, et 9 francs si on y ajoute un homme de garde, et, de plus, 3 francs par nuit si le débarquement n'est pas effectué.

Le chargement du bateau varie. S'il s'agit de denrées coloniales, il porte de 40 à 50 quintaux ; s'il s'agit de fer, de houille, etc., etc., il porte 100 quintaux et plus.

Quand les marchandises sont exemptes de douane, la dépense est moindre : par exemple, pour la houille, elle est de 16 centimes le quintal, pour autres marchandises exemptes de douane ou fer en barres, 24 centimes. Puis, si les marchandises doivent passer à la douane, on paie 44 centimes le quintal. — Les marchandises sujettes à la vérification de la douane à effectuer sur le port, paient 24 centimes par colis moindre de 100 kilogrammes, et le prix s'augmente à pro-portion de 100 à 200, etc. — Si du port franc on va à la douane, on paie 24 centimes le quintal, et de la douane au chemin de fer 28 centimes. — Du bord des bâtiments pour aller à la douane, on paie 1 fr. 60 c. par tonne.

Des bâtiments directement sur les chars, 1 fr. 20 c. jusqu'à 1 fr. 50 c.

De la douane aux chars on paie 2 livres si les voituriers portent les marchandises dans l'in-térieur, et 1 fr. à 1 fr. 20 c. si ce sont les propriétaires.

Ces chiffres sont assez parlants pour faire ressortir la supériorité des transbordements à Sa-vone.

La Commission gouvernementale (rapport de 1858) publie les faits suivants :

Tableaux dressés le 22 décembre 1856 sur le mouvement des ports de Savone, d'Oneille, et de Port-Maurice.

En 1854, les deux ports d'Oneille et de Port-Maurice ont vu entrer et sortir, en tout, 1831 navires jaugeant 31,158 tonnes ; et, en 1855, 950 navires jaugeant 27, 412 tonnes.

Pour Savone, voici les chiffres officiels :

1851 Arrivées et départs de navires	—3,275 navires jaugeant	97,889 tonnes.		
1852 »	»	—3,617	»	122,160 »
1853 »	»	—5,037	»	147,079 »
1854 »	»	—6,145	»	171,656 »
1855 »	»	(1) —6,013	»	156,981 ».

Des quais larges et offrant un développement d'un kilomètre et demi permettent à un grand nombre de navires d'y accoster simultanément, ce qui facilite le chargement et le déchargement, abrège beaucoup les opérations et les rend peu dispendieuses, avantage que le commerce apprécie hautement.

Il y a des magasins, des corderies, 4 ateliers de carénage ; et, en outre, sur la plage méridionale, extérieure au port, 2 chantiers où se trouvent continuellement 5 à 6 vaisseaux en construction.

Nous ajoutons que la ville de Varazze, à quelques kilomètres de Savone, possède aussi des chantiers de construction très-importants et renommés.

(1) En 1856, le mouvement de Savone a été de 4,299 navires jaugeant 137,594 tonnes.

Au 31 décembre 1856, le personnel de la marine marchande était, à Savone, de 4,807 individus ; à Oneille, de 1,916 ; à Nice, de 1,670 individus. A la même époque, la direction de Savone possédait 335 navires ; celle d'Oneille, 184 ; celle de Nice, 139.

En faisant un chemin de fer de service sur Vado, on aurait un nouveau port très-vaste, contigu à Savone.

Pour compléter ces explications, nous allons citer le rapport du Conseil Supérieur des chemins de fer (*Gazette* officielle du 25 juillet 1856) :

« Le port de Savone, de 1re catégorie et de 1re classe, est sûr et tran-
» quille, et les récents travaux, exécutés pour le défendre des sables que les
» courants apportent de l'est à l'ouest, le rendent encore plus paisible. Ces
» conditions de sécurité et de tranquillité sont aidées par la disposition de la
» côte qui forme une courbe concave et le place dans un grand rentrement
» de la mer, défendu ainsi naturellement contre les vents de l'ouest, sud—
» ouest et nord, ainsi qu'en partie contre ceux du levant.

» Le chemin de fer partirait des quais mêmes, où l'esplanade du *môle*
» de 130,000 mètres carrés permet de placer, à la portée des quais, la sta-
» tion, avec les magasins, hangars, usines et tout ce que réclamerait le
» commerce maritime qui, avec un chemin de fer pour le transit, devien-
» drait d'une extrême importance. — Pour que rien ne manque à la com-
» modité du commerce, le Conseil municipal va faire bâtir la nouvelle
» douane à côté de la station du chemin de fer.

» Si quelqu'un pense que le port de Savone deviendra insuffisant, lors-
» qu'un chemin de fer y aura amené un commerce très-actif, crainte que la
» longueur des quais, le prompt déchargement des navires, la tranquillité
» du port qui permet d'accueillir de nombreux vaisseaux dans des eaux
» paisibles, doit dissiper, il faut songer qu'à côté de ce port est la vaste
» rade de *Vado*, d'un ancrage excellent, défendue contre les vents les plus
» fréquents et les plus dangereux, où les navires attendraient le moment peu
» éloigné de charger et de décharger dans le port de Savone : cette rade
» rend ce dernier port suffisant pour toute éventualité possible de prospé-
» rité commerciale.......... »

Savone; — Débouchés; — Distances. — La Savoie, Genève et la Suisse. —
Mouvement commercial des États sardes.

Savone est le *débouché exclusif* des provinces de Mondovi, de Coni, de
Saluces, d'une partie de celles d'Alba, d'Acqui, de Savone ; or ces provinces ont . . . . 800,000 habitants.
Elle est le *débouché le plus direct* des provinces de Pignerol, de Turin,
de Suze, peuplées de , ... 630,000 habitants.
Elle est le port le plus rapproché d'Ivrée, d'Aoste, de la Savoie, peuplées
de . . . . 820,000 habitants

Les provinces d'Albenga, d'Oneille, de San-Remo, de Nice sont plus
près de Savone que de Gênes ; leurs relations vont s'accroître considérablement par la facilité et la promptitude des transports, à l'aide du chemin
de fer du littoral, décrété le 16 octobre dernier.

Chiavari, la Spezzia, et toute la Ligurie orientale ont, par mer, avec Savone, des communications journalières aussi faciles qu'avec Gênes.

L'île de Sardaigne, espèce d'avant-port des États Sardes, a des relations
continuelles avec Savone. Elle produit l'huile d'olive, les vins, les grains,
les oranges et tous les fruits des pays chauds, le chêne-liége, les bois de
construction. Elle possède de riches mines, des pêcheries considérables,
des salines dont le développement est devenu tel, en peu d'années, qu'elles produisent le sel suffisant aux États Sardes, et exportent déjà annuellement à l'étranger 170,000,000 kilogrammes de sel. Une grande portion de
ces marchandises passent par le commerce de Savone.

Tout le royaume converge vers sa capitale, Turin, qui compte 179,635
habitants, au dénombrement opéré à la fin de 1857. Or, Savone est le port
le plus rapproché de Turin. En effet l'on compte :

De Turin à Savone, ... 141 kilomètres.
De Turin à Gênes, 166 kilomètres pour les voya-
    geurs, et pour les marchandises. . . . . 168 »
De Turin à Oneille, ligne droite. . . . . . . 178 »
De Turin à Nice, par le col de Tende . . . . . 200 »
—   — par Oneille. . . . . 251 »

Le chemin actuel de Gênes offre des débouchés vers l'orient et le nord d'Alexandrie, vers les duchés de Parme, de Modène et les Légations, vers la Lombardie, le canton du Tessin et la Suisse orientale et l'Allemagne.

Le chemin de Savone pénétrera directement dans le Piémont et vers Turin.

La Chambre Royale de Commerce de Turin déclarait à *l'unanimité*, dans sa délibération du 5 juin 1856 :

« Que la ligne de Turin à Savone, soit pour les intérêts généraux du
» commerce du Royaume, soit pour ceux des provinces du Piémont et
» de la Capitale, premier centre des transactions de tout genre, est celle
» qui, dans l'état actuel des choses, a la plus grande importance et pré-
» sente, pour l'avenir, les meilleurs résultats, les plus grands avantages
» que pareilles entreprises puissent procurer à notre pays.

» Sans parler de l'importance stratégique d'une pareille voie ferrée...
» ni de la possibilité d'un port militaire à *Vado*, si l'on se borne à considé-
» rer que les très-fertiles provinces de Mondovi, de Coni et de Saluces
» (ayant une population de 484,000 âmes), n'ont d'autre voie rapide vers
» la mer, qu'en venant à Truffarello, pour de là aller à Gênes ; si l'on exa-
» mine l'importance du mouvement actuel des marchandises et des voya-
» geurs, sur la grande route ordinaire de Fossano à Savone, à l'avantage
» non–seulement des trois provinces ci–dessus, mais encore de tout le
» Piémont, on conclura que, si jamais il a existé un chemin de fer auquel
» la Chambre de Commerce doive s'intéresser, c'est certainement celui-ci,
» destiné à percer le cercle de montagnes qui sépare le Piémont occiden-

» tal de la mer, et qui procurera à cette partie du Piémont l'utilité que le
» chemin de fer de Gênes procure au Piémont oriental. »

Savone prendra bientôt une part active et large dans le commerce avec les riches provinces de la Lomdardie qui viennent d'être annexées au royaume, à l'aide du chemin de fer qui se détachera de la ligne principale près Cairo, pour aller rejoindre le chemin d'Acqui à Alexandrie. La très faible différence de distance entre Gênes et Milan, et Savone et Milan, étant amplement rachetée par l'économie sur les frais de port à Savone.

De plus, Savone est le *port naturel* de la *Savoie*, de *Genève* et de la Suisse occidentale.

Ce fait sera rendu incontestable par le percement du Mont–Cenis.

Voici les distances :

De Genève à Savone, par Culoz.

De Savone à Turin.	141 kilomètres.
De Turin à Suse (chemin de fer ouvert). .	53
De Suse à Saint-Jean-de-Maurienne. . . .	80
De Saint-Jean à Culoz (chemin de fer ouvert).	106
De Culoz à Genève (idem)	67
Total.	447 kilomètres.

Avec l'embranchement concédé du port d'Ayton à Annecy, et le prolongement d'Annecy à Genève, également concédé, cette distance sera réduite à 423 kilom.

De Genève à Marseille.

Marseille à Lyon.	kilomètres	350
Raccordement à Lyon.	»	4
De Lyon à Genève.	»	160
	kilomètres	514

Ainsi donc :

1° Savone est plus rapprochée de Genève que Gênes de.   .   26 kil.
2° Savone est plus rapprochée de Genève que Marseille
      par Culoz de.   67
      par Annecy, de..   91

Le port de Savone offrira à la Suisse l'avantage de ne plus dépendre exclusivement de Marseille et de la France, pour communiquer avec la mer, et de pouvoir transiter à travers un pays dont elle n'a jamais à redouter de lutte.

A Savone, les frais de tous genres sont peu considérables, comme il a été dit, les transbordements peu coûteux et prompts; la marine sarde navigue à meilleur marché que celle de France.

C'est donc de Savone que la Savoie, Genève et la Suisse recevront le sel de la Sardaigne, les huiles d'olive, les oranges et les fruits des pays chauds, les cuirs d'Amérique, les denrées coloniales, une partie des céréales nécessaires à la consommation de la Suisse. C'est aussi par là qu'elles feront leurs exportations.

Genève ne craindra plus la concurrence de Bâle.

La Suisse et la Savoie gagneront annuellement plusieurs millions en économies sur les frais actuels de transport et en bénéfice de transit.

Aujourd'hui que le Danube et la mer Noire sont devenus libres, que les fertiles contrées de la Moldavie et de la Valachie vont partager, avec Odessa l'avantage d'être les greniers de l'Europe; que l'Afrique septentrionale revient à la civilisation; que le percement de l'isthme de Suez va faire de la Méditerranée le centre du commerce du monde; que l'Angleterre cherche, pour sa correspondance avec les Indes, un port indépendant de la France ; Savone est appelée à prendre une large part au commerce international.

Le Piémont et la Ligurie, confinant d'un côté à la Méditerranée, de l'autre à la Suisse, sont appelés à être le centre d'un grand transit vers le Nord, surtout lorsque les Alpes seront percées ou franchies par des moyens accélérés de transport.

Dès ce jour, le chemin de Savone à Turin trouvera un aliment suffisant dans les pays populeux qu'il desservira directement.

En effet, les habitants compris dans la zone de 5 kilomètres à droite, et 5 kilomètres à gauche de l'axe du chemin, sont au nombre de 352,785. Ce qui correspond à une densité de population de 250 habitants par kilomètre carré, et au chiffre de 2,502 habitants par kilomètre courant de la voie ferrée.

Il n'est pas sans intérêt de rapprocher de ces données celles que fournit l'*Annuaire du Bureau des longitudes* de 1858 sur la population de la France, dont la densité moyenne est de 64 habitants par kilomètre carré.

Le premier chemin de la France, celui de Lyon à Marseille, traverse ou cotoie les sept départements du Rhône, de l'Isère, de la Drôme, de l'Ardèche, du Vaucluse, du Gard et des Bouches-du-Rhône. Or, ces sept départements présentent ensemble une superficie de 3,764,607 hectares et comptent 3,075,277 habitants. C'est à dire 81 habitants par kilomètre carré.

On voit par là combien sont plus peuplées les localités que traversera le chemin de fer de Savone; et, sous ce rapport, la ligne qui nous occupe est très avantageusement favorisée.

RECENSEMENT DE 1858.

TABLEAU des communes situées dans la zone de 10 kilomètres parcourue par le Chemin de fer de Savone.

PROVINCES	COMMUNES.	Population	PROVINCES	COMMUNES.	Population
	Turin	179,635		*Report.* . . .	283,822
	Beinasco	1,278		Bastia	1,086
	Nichellino	1,006		Ciglié	623
	Moncalieri	10,181		Roccaciglié	563
	Candiolo	1 265		Mombasiglio	1,255
TURIN. .	Truffarello	1,242		Ceva	4,520
	Villastellone	2,564		Nucetto	713
	Vinovo	3,404		Castellino	950
	Piobesi	2,357		Igliano	372
	Loggia	1,415	MONDOVI. .	Malpotremo	212
	Carignano	7,912		Paroldo	758
	Carmagnola	12,894		Priero	1,254
				Torricella	243
PIGNEROL. .	Lombriasco	1,068		Montezemolo	507
				Roasio	452
	Ceresole	1,739		Camerana	1,609
	Sommariva-Bosco	5,622		Salicetto	1,679
	Sanfré	1.943		Montaldo	2,067
	Bra	12,946			
ALBA. . .	Pocapaglia	1,864		Roccavignale	1,291
	Morra	3,325		Cengio	824
	Barolo	713		Millesimo	1,309
	Monforte	2,213		Cosseria	871
	Monchiero	460		Plodio	336
	Cherasco	8,800		Rochetta–Cengio	328
	Narzole	4,082		Carcare	1,436
	Bene	6,127	SAVONE . .	Pallare	648
	Dogliani	4,754		Cairo	3,484
	Piozzo	1,685		Altare	1,845
MONDOVI. .	Carrù	3,890		Quigliano	3,694
	Farigliano	2,188		Vado	1,465
	Niella	2,137		Albissola superiore	2,089
	Lesegno	1,542		Albissola inferiore	1,513
	Clavesana	1,569		Savone	18,959
	A reporter. .	283,822		Total des populations.	352,785

Trafic du chemin de fer de Savone.—Constatations.—Calculs.—Evaluation.

Quelques esprits chagrins se sont montrés alarmés du préjudice que le chemin de fer de Savone pourrait porter au commerce de Gênes, et consé-quemment à l'exploitation du chemin de fer de Gênes à Alexandrie et Turin qui, appartenant à l'État, est exploité par le gouvernement.

Ces inquiétudes exagérées ont servi de prétexte aux passions et aux ri-valités, et ont soulevé pendant quelque temps une vive opposition contre la nouvelle ligne.

Un examen sérieux et impartial aurait suffi pour démontrer aux oppo-sants leur erreur; mais les événements sont venus jeter une lumière com-plète sur cette question, que s'efforçait d'obscurcir la coalition des intérêts rivaux mis en campagne contre la loi du chemin de fer de Savone.

De quoi s'agit-il en effet?—De restituer à Savone le commerce du haut Piémont;

Mais elle le possédait anciennement, et ses relations n'ont décru, au profit de Gênes, que depuis le récent établissement du chemin de l'État;

De transporter à Savone l'entrepôt commercial de la portion cen-trale du royaume, et de faciliter les communications de ce port avec les nouvelles provinces et avec les États limitrophes de la monarchie de Sar-daigne;

Mais l'adjonction de ces riches provinces et la suppression des douanes entre le Piémont et les duchés, ont élargi si considérablement la sphère d'activité de la capitale de la Ligurie, qu'elle n'y pourrait plus suf-fire, désormais, à elle seule. Les faits le prouvent déjà.

Pendant la guerre, toutes les transactions ordinaires ont dû être suspen-dues, sur le chemin de fer de Gênes, pour laisser la voie entièrement au service de l'armée. Le commerce a dû recourir, avec grand déplaisir, aux anciens moyens de transport. Les marchandises se sont accumulées dans les entrepôts, dans les magasins, sur les quais. Il a fallu les entasser dans les cours, les jardins, les enclos, sans abri. Les négociants ont eu à souffrir, non-seulement des retards très préjudiciables, mais encore des avaries immenses. Cependant, malgré cela, les mouvements militaires, les déplacements du matériel et des approvisionnements ne s'effectuaient pas encore avec toute la vitesse voulue par la position menacée des troupes alliées.

Depuis la fin de la campagne, depuis que la paix, l'annexion de la Lombardie, l'union économique des duchés avec le Piémont, ont permis aux affaires de reprendre un commencement d'activité, les rapports avec Gênes restent difficiles et très lents.

Pourquoi cela?—Parce que le chemin de fer de l'État, en raison de ses fortes rampes, et des retards qu'elles occasionnent dans la marche des trains, ne suffit plus aux services pour lesquels il a été créé.

Le commerce en éprouve un véritable malaise, se lamente, et demande à grands cris une autre voie de communication rapide avec la mer.—Ainsi s'expliquent les instances si pressantes des négociants de la capitale, en faveur du chemin de fer de Savone.

Qu'en sera-t-il donc lorsque, les Alpes percées au Mont-Cenis, le chemin du Luchmanier construit, ouvrant au centre de l'Europe sa véritable route vers la mer, établiront un immense courant de personnes et de choses à travers les États sardes?

C'est ici le cas de rappeler les paroles, pour ainsi dire prophétiques, que faisait entendre dans le Parlement, le 19 mai 1857, l'illustre homme d'État qui préparait les nouvelles destinées de l'Italie (1). En effet, M. le

(1) Voici dans quels termes s'exprimait M. de Cavour :

« Il me paraît incontestable qu'il faudra nécessairement, dans un temps donné, établir une » seconde ligne de la mer à la vallée du Pô. Il est, au moins à mes yeux, de toute évidence, » qu'en raison du développement du commerce intérieur et de la liaison de nos chemins de » fer aux chemins de l'Occident et du centre de l'Europe, par le Luchmanier, leur liaison avec » ceux de l'Europe orientale, soit par la jonction du chemin de Novare aux chemins Lombards, » soit par la jonction du chemin de fer de Stradella aux chemins de l'Italie centrale; il est évi-

comte de Cavour, alors président du conseil, devançant les événements qui viennent de s'accomplir, et calculant les conséquences qu'ils devaient avoir pour la prospérité commerciale de son pays, dénonçait à la chambre des députés l'insuffisance du chemin de fer de Gênes, la nécessité prochaine d'établir une seconde voie ferrée vers la mer.

Les prévisions de M. le comte de Cavour se justifient déjà. — Prochainement elles seront dépassées. Le chemin de fer de l'État ne satisfait plus que très péniblement aux besoins de l'industrie et du commerce.—Gênes, de son côté, apprécie, de jour en jour davantage, les immenses inconvénients de son port, l'imperfection des moyens de débarquement, l'urgence d'y remédier; et projette, à nouveau, la création des docks, si souvent annoncée et toujours retardée.

Gênes sera la première à utiliser les services du port de Savone. Les maisons de commerce de la métropole ligurienne y établiront des comptoirs qui seront d'excellents auxiliaires pour leurs affaires; et, si les espérances de l'avenir se réalisent, Gênes et Savone ne suffiront plus. On reconnaîtra la nécessité d'un troisième port qui, situé à l'est de Gênes, remplirait un rôle analogue à celui du port de Savone, placé à l'ouest· Réunis par le chemin de fer du littoral, les trois ports n'en formeront, à proprement parler, qu'un seul, et permettront d'exécuter, dans les différentes directions, tous les mouvements commerciaux dévolus au royaume sarde par sa position si avantageuse sur la Méditerranée.

<hr>

» dent que la seule voie ferrée de Gênes à la vallée du Pô ne suffit pas au mouvement com-
» mercial qui devra se développer entre la mer et cette vallée, et cela d'autant plus qu'il faut
» tenir compte des difficultés que présente l'exploitation de la ligne de Gênes jusqu'à Novi.

» Maintenant s'est déjà produit sur cette ligne un mouvement qui, pour ladite portion,
» donne un revenu brut de près de 50,000 fr. par kilomètre. Tel n'est point le revenu moyen
» de toute la ligne, il est vrai; mais pour la portion de Gênes à Bussala, nous pourrons le
» compter cette année à 50,000 fr. par kil.

» Ceci posé, les circonstances que j'ai indiquées doivent nécessairement augmenter ce mou-
» vement dans une large proportion; et s'il devait seulement doubler, je crois que nous serions
» en présence d'une impossibilité matérielle, et que tout au moins nous devrions nous conten-
» ter d'un service très imparfait.

» Je le dis donc, il est incontestable qu'une seconde ligne de la mer à la vallée du Pô est
» maintenant utile, et qu'avant peu elle sera indispensable. »

Le mouvement commercial des Etats sardes s'accroît d'année en année : déjà il n'est pas inférieur, proportionnellement, à celui de la France.

La France, peuplée d'environ 36 millions d'habitants, a, en 1856, fait pour 4,587,000,000 fr. d'importation et d'exportation.

Les Etats sardes, qui ont 5 millions d'habitants, auraient atteint un chiffre proportionnellement identique en arrivant à 637 millions de francs. Or, ils ont dépassé cette somme, comme il résulte des détails officiels publiés par l'administration des finances.

ÉTATS SARDES.

	1854.	1855.	1856.	1857.
	fr.	fr.	fr.	fr.
Importation.......	312,429,890	332,043,477	390,047,098	400,623,766
Exportation.......	214,883,633	245,333,034	290,635,704	289,777,826
Totaux	527,313,522	577,377,511	680,682,802	690,401,377

L'accroissement des importations est de 18 0/0, celui des exportations est de 20 0/0, et en totalité l'accroissement est de 18 1/2 0/0. C'est dire que dans une période, de cinq années environ, le mouvement commercial est doublé.

Parmi les articles de l'importation qui offrent le plus de profit aux chemins de fer, il faut compter la houille, la fonte de fer, la laine, le coton, les peaux ; à l'exportation, les bestiaux que le Piémont envoie en grand nombre à l'étranger.

Comme second port de mer de l'Etat, Savone prend déjà une part importante dans ce mouvement d'affaires, et l'on en peut juger par les entrées et sorties de navires, par leur tonnage, dont les chiffres ont été indiqués précédemment (1). L'établissement du chemin de fer accroîtra très considérablement l'activité commerciale de cette place, par toutes les raisons qui ont été développées plus haut.

Le trafic du chemin de fer se rattachant intimement à toutes ces questions, il convenait de les expliquer sommairement, avant d'arriver à l'examen des revenus de la ligne de Savone.

(1) Voir à la page 16.

On sait combien est grande la difficulté d'évaluer avec exactitude le produit d'un chemin de fer avant sa construction ; combien ont été dépassées les plus sérieuses estimations faites dans ce genre. Cela tient à ce que l'ouverture d'une voie de communication nouvelle a pour conséquences un changement, presque général, des relations, et la création d'éléments de circulation tout à fait inattendus.

Malgré ces difficultés, les diverses évaluations qui ont été faites, des produits du chemin de fer de Savone, se rapprochent, d'une manière remarquable, dans leurs résultats ; et offrent par cela même une garantie de leur exactitude.

Comme il y a d'utiles enseignements à puiser dans l'observation des faits qui se sont accomplis et s'accomplissent journellement dans l'exploitation des voies ferrées déjà établies en Piémont, il convient de jeter un rapide coup d'œil sur l'ensemble de ce réseau.

Au 1ᵉʳ janvier 1859, l'Etat sarde comptait 940 kilomètres de chemins de fer en exploitation (1). Dans le courant de l'année, ce réseau s'est accru d'une section nouvelle établie entre Stradella et Plaisance.

(1) *Note indiquant les sections livrées successivement, la date de leur ouverture et leur longueur.*

1848	21 septembre.	Turin à Moncalieri	8 kilom.
	14 décembre..	Moncalieri à Cambiano	9
1849	5 mars	Cambiano à Valdichiesa	10
	5 novembre..	Valdichiesa à Dusino	9
	15 novembre..	Dusino à Asti	21
1850	1ᵉʳ janvier	Asti à Novi	56
1851	10 janvier	Novi à Arquata	12
1853	10 février	Arquata à Busalla	19
	13 mars	Turin à Savigliano	52
	5 décembre..	Savigliano à Fossano	12
	18 décembre..	Busalla à Gènes	22
1854	25 mai	Turin à Suze	53
	5 juin	Alexandrie à Mortara	41
	5 juillet	Mortara à Novare	25
	27 juillet	Turin à Pinerole	38

A reporter 387

Le gouvernement vient de concéder en outre la ligne du littoral, allant de la frontière de France aux confins du duché de Modène; la ligne de Pavie à Torreberetti, et celle de Savone à Turin. L'ensemble des nouvelles concessions représente une longueur totale d'environ 500 kilomètres.

Enfin, le réseau sarde s'est accru des lignes de la Lombardie, dont il n'y a pas lieu de s'occuper ici.

Une portion importante des chemins anciens appartient à l'Etat. Le gouvernement exploite lui-même, outre les lignes qu'il possède, plusieurs tronçons appartenant à des compagnies qui ont trouvé avantageux de mettre leur service dans les mains de l'administration des travaux publics.

Cette administration a soin de publier très régulièrement les documents

		Report	387
	20 août	Fossano à Centallo	12
	24 août	Mortara à Vigevano	13
	18 octobre	Centallo à Olmo	9
1855	6 mars	Novare à Vercelli	22
	8 avril	Vercelli à Chivasso	50
	1er mai	Chivasso à la Sture	18
	1er mai	Novare à Oleggio	17
	14 juin	Oleggio à Arona	19
	22 juillet	de la Sture à Valdocco	5
	5 août	Olmo à Coni	3
	4 octobre	Cavallermaggiore à Bra	13
1856	1er janvier	Savigliano à Saluces	15
	8 avril	Gênes à Voltri	15
	8 septembre	Santhia à Biella	30
	20 octobre	St-Jean-de-Maurienne à Aix	84
1857	22 mars	Vercelli à Valence	42
	31 août	Aix à Saint-Innocent	4
	10 octobre	Novare au Tessin	14
	3 novembre	Alexandrie à Voghera	39
	3 novembre	Novi à Tortone	19
1858	6 janvier	Alexandrie à Acqui	34
	25 janvier	Voghera à Casteggio	9
	12 mai	Casteggio à Broni	12
	20 mai	Chivasso à Caluse	14
	22 juillet	Broni à Stradella	4
	27 juillet	Saint-Innocent à Culoz	18
	12 novembre	Caluse à Ivrée	19
		Total	940 kilom.

relatifs à son exploitation, et les chiffres qu'elle fournit ont un caractère d'authenticité qui ne saurait être mis en doute.

En les consultant, on constate que les recettes kilométriques des chemins de fer sardes ont constamment progressé et n'ont pas été sensiblement affectées par les circonstances fâcheuses qui ont réagi contre la prospérité générale des voies ferrées en Europe.

Voici en effet le tableau de la recette kilométrique des chemins sardes, depuis 1851 jusqu'en 1858.

1851 recette kilométr. brute		18,800
1852	—	22,056
1853	—	27,021
1855	—	34,679
1856	—	36,419
1857	inondations	37,094
1858	—	36,712

En France, au contraire, on remarque une décroissance prononcée dans les recettes des dernières années.

1849 recette kilométr. brute		34,763
1850	—	32,924
1851	—	32,819
1852	—	37,166
1853	—	43,182
1856	—	48,048
1857	—	45,259
1858	—	41,398

Si l'on poursuit ce rapprochement entre les chemins de fer sardes et ceux de la France, dans la période connue de 1859, on trouve que, pour le

1er semestre de l'exercice courant, les chemins français ont produit une recette brute de 181,095,064 fr., correspondant à 20,699 fr. par kilomètre, tandis que la même période de 1858 avait produit 148,955,578 fr., soit 19,305 fr. par kilomètre, c'est-à-dire que l'exercice courant se caractérise par une augmentation de 7 fr. 22 c. 0/0.

Sur le chemin de fer de Gênes, le 1er semestre a produit 5,664,927 fr. contre 5,169,721 fr., produit de la même période en 1858. La recette kilométrique s'est donc élevée, pour le 1er semestre de l'exercice, de 17,227 fr. à 19,147 fr.; ce qui démontre une progression de 11 0/0.

A mesure que les recettes des chemins sardes appartenant à l'Etat acquièrent plus d'importance, on voit le rapport diminuer très sensiblement entre les frais d'exploitation et le produit brut, ce qui caractérise doublement une amélioration progressive de ces lignes. En effet, la dépense d'exploitation, qui était de 48 0/0, est maintenant réduite à 45 0/0.

Il est bon de remarquer, d'ailleurs, que les chiffres de recettes ne comprennent point les nombreux transports que le gouvernement fait exécuter pour ses propres services, et qui grèvent le compte des frais d'exploitation. Ainsi, par exemple, les sels, les tabacs, les munitions de guerre, les taires et les prisonniers occasionnent des dépenses sans donner de revenu.

Parmi les divers chemins dont se compose le système des voies ferrées exploitées par le gouvernement, celui de Gênes offre le plus de similitude avec la ligne de Savone. Or, si on le considère isolément, on observe que la recette brute kilométrique du chemin de Gênes a été :

en 1855	43,492	fr.
en 1856	45,265	
en 1857	46,016	
en 1858	45,542	

Enfin, en 1859, l'augmentation est très prononcée, d'après les tableaux mensuels qui sont connus, et cela malgré le ralentissement des affaires pendant la guerre.

Revenons maintenant au chemin de fer de Savone et à l'étude de son revenu probable.

Le travail le plus complet qui ait été fait pour faciliter l'estimation des produits du chemin de fer de Savone à Turin, est dû aux recherches et aux soins d'une commission, qui fut chargée, par le conseil municipal de Savone, de se livrer, avec l'aide du commandant du port, aux supputations les plus consciencieuses sur le mouvement commercial de cette place, et qui a publié le résultat de ses études.

Il serait superflu de rapporter ici les détails infinis dans lesquels cette honorable réunion de citoyens zélés a jugé devoir entrer. Il faudrait, pour se rendre compte du soin qu'elle a apporté dans l'accomplissement de sa mission, parcourir le volumineux mémoire qu'elle a publié et les tableaux si complets du commerce de Savone.

Mais il suffira de savoir que l'œuvre de la commission savonaise a été jugée si digne de considération, qu'elle a été prise comme base de tous les calculs par les autres commissions chargées ensuite de l'examen de la même question.

La commission savonaise n'a pas pris, comme seul élément de ses appréciations, le mouvement du port. Elle a fait constater également celui qui s'accomplit sur la route de Savone au Piémont ; sur les routes d'Oneglia et d'Albenga se réunissant, près Ceva, à celle de Savone.

Dans ce travail de constatations, la commission savonaise ne pouvait s'écarter de la vérité, si même elle en avait pu avoir l'idée, car les comités constitués pour les lignes rivales d'Oneglia et d'Albenga, par Mondovi, faisaient elles-mêmes exécuter des enquêtes contradictoires, en vue de favoriser le succès de leurs projets.

Aujourd'hui ces résultats viennent se confondre, tous, dans le chiffre du futur mouvement de transit et de trafic du second chemin de fer de Piémont à la mer ; car il est de toute évidence que le chemin de Savone absorbera le mouvement, jusqu'ici en partage, sur les diverses routes qui vont de la partie ouest ligurienne au centre du Piémont.

En résumé, la commission savonaise constatait que les marchandises passant par Savone, à destination de l'intérieur, s'élevaient à 110,000 tonnes.

L'enquête contradictoire, faite au point de jonction des routes de Savone et d'Oneglia, constatait que le mouvement s'élevait à 131,844 tonnes.

Ce transit s'effectuait par l'emploi de 7,385 chevaux et bœufs et 4,282 voitures, sans compter les chars employés aux transports du charbon des mines du haut Tanaro.

L'enquête exécutée par les soins du conseil municipal de Mondovi, relativement au transit effectué sur l'embranchement de la route de Savone qui passe à Mondovi (indépendant de celui qui s'en va par les Langhes), constate le transit sur cette grande route de 200,000 voyageurs, 700,000 quintaux métriques de marchandises de tout genre, 50,000 bœufs, vaches, veaux, moutons et porcs; la quantité de voitures, omnibus et calèches, était de 21,182, transportant 75,000 voyageurs; le nombre des chars à 2 et 4 roues était de 47,580 ; les chevaux, mulets et bœufs de trait s'élevaient à 141,469. (Voir la *Gazette officielle piémontaise*, séance de la chambre des députés du 27 mars 1855.)

Les chiffres qui précèdent ne sont qu'un renseignement, tendant à montrer qu'il existe déjà un mouvement journalier très considérable entre le Piémont et la côte de la Ligurie occidentale. On sait, en effet, l'augmentation énorme que produit dans la circulation l'établissement d'un chemin de fer, en raison de ce qu'il permet de mobiliser avec profit une masse de produits, dont la circulation est impossible avant l'ouverture du chemin.

Les voies ferrées surtout amènent ce remarquable résultat que le mouvement des voyageurs n'est pas seulement doublé et triplé par leur création, mais qu'il devient vingt fois plus grand. Ainsi, pour ne citer qu'un exemple emprunté aux chemins du Piémont, autrefois une diligence suffisait entre Turin et Gênes, aujourd'hui cinq convois, partant de chacune des deux villes, suffisent à peine au transport des voyageurs qui affluent sur cette route.

Le déplacement de certaines branches de commerce, aujourd'hui forcément liées au port de Gênes, et qui se porteront sur Savone, dépassera, sans aucun doute, toutes les prévisions.

Ainsi, par exemple, tout le charbon de terre qui se consomme dans les États Sardes, arrive actuellement à Gênes, et pénètre dans l'intérieur du pays par le chemin de fer de l'État. — Le chiffre de cette consommation s'approchait en ces derniers temps de 150,000 tonneaux.

Il sera doublé par la consommation de la Lombardie et des duchés.

Eh bien! le port de Gênes est encombré par le débarquement de ces quantités de charbon; le déchargement et la conservation en dépôt y coûtent fort cher. Indubitablement une très grande partie des houilles anglaises, destinées à la consommation du Piémont, arrivera désormais à Savone, et sera transportée par la nouvelle voie ferrée, car il y aura là une économie considérable à réaliser.

Les résultats du travail statistique de la commission savonaise, en leur appliquant la loi de progression constatée sur les autres chemins de fer de l'Etat Sarde, avaient conduit à évaluer le revenu brut du chemin de fer de Savone au chiffre de 35 à 36,000 francs.

Les adversaires les plus prononcés de cette ligne ne contestaient pas qu'elle dépasserait le revenu kilométrique de 30,000 fr. C'était suffisamment reconnaître que la ligne avait tous les éléments nécessaires à son existence, comme on le verra plus loin.

En effet, le jugement définitif à porter sur ce problème important du trafic du chemin de fer de Savone, était réservé à l'homme si éminent, qui a dirigé pendant plusieurs années les travaux publics du Piémont, et présidé à l'exécution presque complète du réseau de ses voies ferrées.

Savant ingénieur et travailleur infatigable, M. Paleocapa a pris une part active, on le sait, dans toutes les grandes questions d'art qui touchaient aux intérêts de l'Europe entière et appelaient par conséquent l'attention générale. Sa voix, prépondérante au milieu des hommes les plus renommés pour leur science et leurs talents, a toujours indiqué la solution des difficultés d'art les plus ardues.

Ministre et patriote dévoué, M. Paleocapa a consacré sa verte vieillesse à l'accomplissement des importants travaux qui depuis dix ans ont été exécutés ou sont en cours d'exécution dans les Etats Sardes. Cette tâche que rendaient doublement pénible la nature ingrate du terrain et l'exiguité des ressources d'un petit pays, M. Paleocapa l'a remplie avec un plein succès, et son nom restera attaché aux glorieux souvenirs que léguera à la postérité le règne si fécond du roi Victor-Emmanuel II.

L'ancien ministre des travaux publics n'a donc pas cru devoir rester étranger et indifférent à la discussion du chemin de fer de Savone, et c'est un fait très heureux pour l'entreprise dont il s'agit, de pouvoir s'appuyer sur les avis, l'expérience et l'autorité incontestables de M. Paleocapa.

Aussi devient-il inutile d'entrer dans de plus amples détails au sujet des revenus du chemin de fer de Savone, car il convient mieux de rapporter ici quelques fragments empruntés au Mémoire de M. Paleocapa, récemment livré à la publicité par les soins de la municipalité savonaise.

« Relativement au mouvement probable de la ligne (de Savone à Tu-
» rin), il faut distinguer celui qui dérive des relations entre les deux extré-
» mités et qui s'étend au-delà des extrémités, de celui qui dérive des lo-
» calités intermédiaires entre elles ou avec les extrémités et au-delà.

» En exposant les motifs qui nous ont fait préférer la ligne de Savone
» à toutes celles proposées, nous avons indiqué la grande importance
» qu'il y a à aboutir au meilleur de tous les ports de l'Etat, après celui de
» Gènes, et nous avons montré que le but expressément recherché par la
» Chambre ne pouvait être atteint qu'en remplissant cette condition.

» Quant au mouvement qui résultera de l'accomplissement de cette
» condition, on en reconnaîtra facilement la grande importance, si l'on
» observe que Turin, extrémité de la ligne, dans l'intérieur du pays, ga-
» gnera l'avantage de 27 kilomètres sur la ligne de Gènes, et cela toujours
» sans difficultés d'exploitation qui puissent empêcher l'égalité des tarifs,
» ainsi qu'il ressort du projet technique. Ce projet démontre, en effet, qu'à

» l'aide de travaux sérieux, on réussit à contenir les pentes et les rayons
» de courbures dans des limites qui permettent de faire le service, partout,
» avec des machines locomotives, plus ou moins puissantes, mais d'un
» système ordinaire.

» Le même avantage sera acquis à toutes les provinces qui, de près ou
» de loin, communiquent avec la capitale par des chemins de fer; mais
» plus particulièrement surtout à celles qui sont traversées par la voie fer-
» rée de Savone, ou qui viendront y aboutir directement par des ramifica-
» tions latérales. Dans ce dernier cas sont comprises les provinces de
» Mondovi, de Coni, de Saluces, d'Alba, d'Acqui; et dans le premier cas
» se trouvent celles de Suze, de Pignerol, d'Ivrée, d'Aoste, principalement
» toute la Savoie.

» Ceci regarde le commerce intérieur : quant au commerce interna-
» tional, nous n'avons qu'à nous rappeler ce qui a été exposé précédem-
» ment, pour prouver la préférence, c'est-à-dire la concurrence avanta-
» geusement assurée à notre commerce maritime, sur les marchés de Ge-
» nève et autres de la Suisse occidentale et des pays voisins (au moyen de
» la ligne de Savone).

» En ce qui regarde ensuite le mouvement intérieur d'un point à un au-
» tre de la ligne, le chiffre de la population qui se trouve dans une zone de
» pays de dix kilomètres, assure déjà une circulation considérable de
» voyageurs, indépendamment de ceux qui affluent des lieux plus distants
» par les diverses routes ordinaires et par les voies ferrées probables dont
» nous parlerons plus loin.

» Ces chiffres démontrent déjà que la majeure partie de la ligne peut
» être regardée comme n'étant point inférieure à la moyenne des autres
» lignes très productives de notre État et des autres États de l'Europe con-
» tinentale. S'il y a un espace de 20 à 25 kilomètres (la traversée des mon-
» tagnes) où la population est rare, sur ce même espace il y a deux élé-
» ments qui offrent une large compensation : la plus grande proximité du
» port qui assure tout le transit des personnes et des marchandises qui vont
» à ce port ou qui en viennent, et la riche production minérale des

» lieux voisins, ainsi que du sol même où passe le chemin. Cette produc-
» tion, en effet, consistant essentiellement en combustible minéral et vé-
» gétal, en bois de construction, tous articles dont notre pays a tant de
» besoin et tant de demandes, constituera un des éléments de transport
» les plus propres à accroître le revenu de la voie ferrée.

» Quant à l'augmentation du mouvement provenant des affluences laté-
» rales plus éloignées, nous devons surtout nous rappeler celles qui sont
» assurées à notre chemin de fer par la région maritime, non-seulement du
» côté de Nice, mais aussi du côté de Gênes. Il est évident, en effet, que
» même avant que soit établi un chemin de fer le long du littoral, on aura à
» Savone l'affluence des populations et des marchandises provenant des
» points placés dans une limite telle que, pour elles, l'économie, réalisée
» sur le temps et les frais, compense l'excédant de distance à parcourir
» pour aller à Ceva par la route de Savone.

» Sous ce rapport, nous n'hésitons pas à dire qu'Albenga, par exem-
» ple, aura plus grand avantage à se rendre à Savone, pour y prendre le
» chemin de fer, que de suivre la route ordinaire, difficile et montagneuse,
» qui conduit par Garessio à Ceva, pour ne prendre, qu'en cet endroit, le
» même chemin de fer.

» De l'autre part, c'est à dire vers Gênes, toujours dans l'état actuel des
» communications, on verra arriver à Savone toute la portion du pays
» comprise entre Savone et Voltri, qui, en raison du temps et de l'éco-
» nomie, trouvera plus avantageux de parcourir un plus grand trait sur
» la route ordinaire, lorsqu'il y aura compensation par l'épargne des 33
» kilomètres, dont le chemin de fer de Savone à Turin est plus court que
» celui de Voltri à Turin par San-Pier-d'Arena (Gênes).

» Lorsque le chemin de fer du littoral sera construit, ce qui ne peut
» manquer, il est évident qu'il y aura un très fort mouvement sur les deux
» portions de ce chemin vers Savone, pour y venir prendre la ligne de Sa-
» vone à Turin. — Du côté de Gênes, dans un espace de plus de 30 kilo-
» mètres, on trouvera son compte à se tourner vers Savone plutôt que
» vers Gênes pour aller à Turin et au-delà. De Gênes même, dans les

» relations avec les provinces de Mondovi, Coni, Alba, Saluces et Acqui,
» relations de peu d'importance, il est vrai, mais dont il faut cependant
» tenir compte, on trouvera son avantage à venir prendre la ligne de
» Savone. »

M. Paleocapa démontre ensuite que les voyageurs et les marchandises
d'Oneille et jusqu'à Nice auront plus grand intérêt à suivre la ligne du littoral jusqu'à Savone pour y prendre celle de Turin, que de suivre les routes
ordinaires très difficiles et montagneuses ; et que l'importante ville de
Mondovi aura un grand avantage à rester tête de ligne, au moyen de son
embranchement de 8 kilomètres. — Il cite favorablement l'embranchement vers Alba et Asti.

En parlant de la concurrence que Savone fera, dit-on, à Gênes, M. Paleocapa explique que les deux directions divergent, et il ajoute :

« S'il y a doute que notre commerce maritime puisse rivaliser avec ce-
» lui de Marseille sur *les marchés de la Suisse* occidentale, *en partant de*
» *Gênes*, ce doute n'existera plus *en partant de Savone.* »

L'observation de M. Paleocapa à l'égard des relations du Piémont avec
la Suisse a une très grande importance. On en jugera par les chiffres:
En 1854, le mouvement commercial du Piémont avec la Suisse était
de 32 millions de francs.

En 1855, il dépassait déjà 40 millions et demi. Ce mouvement s'accroîtra de tout ce qui cessera de passer par Marseille et Lyon. Or, les
tableaux du commerce général français montrent que la Suisse importe
encore, par Marseille, la majeure partie des produits d'outre-mer qu'elle
consomme ; et cela, en raison des facilités de transport que lui offre la
continuité des voies ferrées.

A Savone, les frais de tous genres sont peu considérables ;—plusieurs
maisons de commerce de la Suisse n'attendent que l'exécution du chemin de fer pour venir y fonder des comptoirs. Il en sera de même de la
part des maisons de la Savoie.

L'auteur fait remarquer avec justice que, avant l'établissement du chemin de Turin à Gênes, les deux ports de Gênes et de Savone avaient chacun leur commerce, et qu'en construisant le chemin de fer de Savone plusieurs années après celui de Gênes, on ne fait que rétablir l'équilibre.

Nous regrettons de ne pouvoir reproduire ici, à cause de sa longueur, la savante dissertation par laquelle M. Paleocapa démontre, chiffres en main, que le chemin de fer de Savone à Turin et celui qui le continuera jusqu'à Genève, soutiendront, avec avantage, toute espèce de concurrence avec Marseille pour les transports destinés à la Suisse.

Après avoir passé en revue les circonstances multiples qui peuvent entrer en considération dans l'évaluation des produits du chemin de fer, l'ancien ministre des travaux publics constate, par une suite de calculs, que *dans un temps donné le produit de la ligne de Savone ne sera pas inférieur au produit moyen des chemins de fer français, et que, dés l'origine, ce revenu sera, tout au moins, égal au produit moyen des chemins de fer de l'État Sarde.*

On comprendra, du reste, que le caractère même de l'auteur précédemment cité lui commandait une très grande réserve. Aussi M. Paleocapa déclare qu'il a soin de restreindre plutôt que d'élargir la base de ses calculs.

Il reste maintenant à démontrer que l'appréciation ci-dessus se rapproche beaucoup de celle qui résulte des travaux de la commission savonaise.

Nous avons vu, en effet :

Que les chemins de fer de l'Etat produisent en moyenne de 36 à 37,000 fr. par kilomètre, dans le royaume de Sardaigne;

Et que les chemins de fer français rapportent en moyenne 45,000 fr. par kilomètre.

Appliquant ces bases au chemin de fer de Savone, comme il est démontré qu'il convient de le faire, on doit admettre, par conséquent, que les produits de l'exploitation s'élèveront dès les premières années au chiffre de 35 à 36,000 fr. par kilomètre, et que le revenu kilométrique, dans l'avenir, atteindra le chiffre de 45,000 fr.

Le calcul qui se basait sur les travaux statistiques de la commission savonaise conduisait au même résultat.

Il y a tout lieu d'accorder une entière confiance à cette évaluation,
puisque, d'une part, elle s'appuie sur la constatation des faits et leur in-
terprétation d'après les précédents dans la matière ; et d'autre part, sur la
méthode des comparaisons et des rapprochements; c'est-à-dire sur les
deux seuls moyens d'évaluation qui offrent des garanties d'exactitude.

Dépenses de premier établissement. — Frais d'exploitation.

Le chemin de Savone n'a pas été étudié, contrôlé seulement aux points de vue de son utilité, de son exactitude technique et de son revenu, il a fait également l'objet d'un examen très scrupuleux en ce qui concerne les dépenses de premier établissement et les frais d'exploitation.

Tout d'abord, en effet, la ville de Savone, représentée par la commission municipale promotrice, a fait exécuter des études et dresser un devis des dépenses. — Ensuite, les concessionnaires se sont livrés à des recherches sérieuses du coût de construction. — Enfin, le gouvernement, voulant de son côté se renseigner sur le prix d'établissement de cette ligne, autant dans l'intérêt du Trésor public que dans celui des provinces, communes et corps moraux qui s'étaient engagés dans des promesses de subvention, comme l'État lui-même; et aussi dans l'intérêt de la Compagnie et du crédit, a fait exécuter, par les ingénieurs attachés au ministère des travaux publics, un contrôle de toutes les dépenses de premier établissement et des frais d'exploitation de la ligne projetée.

C'est dire que le chemin de fer de Savone a passé par toutes les épreuves techniques auxquelles une voie ferrée peut être assujettie, avant de recevoir la sanction de la loi.

Les hommes spéciaux les plus recommandables ont constaté que le chemin de fer de Turin à Savone, par Bra et Carmagnola, coûtera de premier établissement, y compris le matériel roulant nécessaire, la somme de 51 millions répartis de la manière suivante :

INDICATION DES DÉPENSES.	MONTANT
1° Formation et établissement de la voie à ciel ouvert . . .	21,887,000 fr.
2° Ouverture et construction des tunnels.	13,000,000
3° Armement de la voie	4,270,000
4° Matériel fixe, comprenant l'outillage des ateliers, le mobilier des stations et les frais de l'entretien et de la surveillance de la voie.	512,000
5° Matériel roulant, machines, voitures et wagons	3,272,100
6° Somme à valoir pour objets divers et imprévus.	2,058,200
7° Intérêts à payer durant l'exécution des travaux	4,000,000
8° Frais divers pour constitution de Société, commissions de banque, études préliminaires et autres.	2,000,000
Total.	54,000,000

Nous verrons plus tard comment néanmoins le capital social est réduit au chiffre réel de 45 millions, en raison de la subvention et des dons qui ont été consentis par l'État, par les provinces et les communes intéressées à l'exécution du chemin de fer.

Pour assurer la Compagnie contre tout risque d'augmentation du prix de premier établissement de la ligne de Savone, les concessionnaires ont dû contracter, dès l'origine, vis-à-vis des provinces, communes et corps moraux, l'obligation personnelle de construire et de livrer le chemin de fer, prêt à être exploité, pour la somme fixe et totale de 45 millions, établie contradictoirement à la suite des opérations de contrôle opérées par les soins du gouvernement.

Quant aux frais d'exploitation, ils ont fait également l'objet d'une étude approfondie aussi bien de la part des concessionnaires que de la part de l'administration.

Nous n'entrerons pas dans le détail des discussions et des calculs que cette question a motivés. Nous nous limiterons à rappeler que l'exploitation des chemins de fer de l'État, après avoir dépensé à l'origine 50 et 48 0/0 du montant de la recette brute, ne coûte plus aujourd'hui que 45 0/0 de cette recette.

Enfin, la commission technique chargée, le 16 juillet 1858, d'examiner toutes les questions spéciales à la construction et à l'exploitation du chemin de fer de Savone, dans son rapport du 16 mars 1859, conclut qu'il suffira d'une recette brute kilométrique de 29,254 fr. pour que le chemin rende un intérêt annuel de 5 0/0.

Il en résulte que les frais d'exploitation sont évalués de 40 à 41 0/0, chiffre qui correspond à la dépense d'exploitation moyenne des chemins de fer français

Conditions générales de la concession. — Subventions et faveurs. — Tarifs.

Lorsque le 16 octobre dernier, après la paix assurée, le gouvernement sarde accordait la concession définitive du chemin de fer de Savone à Turin, à la Société Gombert et Ce, il signait en même temps la concession du chemin de fer allant de la frontière de France aux confins du duché de Modène, le long du littoral, et celle du chemin de fer de Torreberetti à Pavie.

On a pu remarquer dans cet ensemble de concessions, qui tendent à compléter le système des voies ferrées du royaume, que le chemin du littoral reçoit une garantie d'intérêts de 5 0/0 sur un capital déterminé. — Que le chemin de fer de Savone reçoit une subvention de la part de l'État et des localités qu'il traverse; et enfin que le chemin de fer de Torreberetti n'est admis ni à la garantie d'intérêt, ni à la faveur d'une subvention.

Cette inégalité de conditions a besoin d'être expliquée.

1° Le chemin de fer du littoral, en raison du prix très élevé de sa construction (environ 450,000 fr. par kilomètre), et aussi, par le fait de la concurrence permanente de la navigation, a été reconnu incapable de produire un revenu net de 5 0/0 ; sa recette brute ayant été évaluée à 20,000 fr. environ, dont il faut déduire 40 0/0 de frais d'exploitation.

Personne ne se serait donc présenté, pour construire cette ligne et constituer une Société d'exploitation, si l'État n'avait garanti l'intérêt sur un chiffre de dépenses déterminées.

Telle est la raison de la garantie accordée au chemin de fer du littoral.

2° Le chemin de fer de Savone, tout au contraire, était reconnu capable de produire un revenu suffisant; il n'y avait donc pas lieu à lui garantir un revenu de 5 0/0. Mais comme il présente, dans la traversée de l'Apennin, des ouvrages que l'État est particulièrement intéressé à voir exécuter, pour la défense du pays, et pour la plus intime conjonction des provinces entre elles, le gouvernement a accordé une subvention de 4 millions, qui s'est accrue de 2 millions de francs offerts par les localités.

3° Enfin, le chemin de Torreberetti à Pavie, ayant été reconnu également capable de produire un revenu suffisant, et n'offrant d'ailleurs aucune difficulté d'art importante, le gouvernement l'a concédé simplement, sans que l'État y intervienne, ni sous la forme de garantie d'intérêt, ni sous la forme de subvention.

Dans les concessions accordées pour les chemins de fer de Savone à Turin et de Torreberetti à Pavie, les garanties d'intérêt n'étaient pas seulement inutiles, elles auraient encore été regrettables, car ces sortes de faveur ne s'accordent pas sans des compensations onéreuses pour les compagnies.

En vertu de la concession du chemin de fer de Savone, le gouvernement accorde à la Société, comme il a été dit, une subvention de 4 millions de francs, et il autorise les provinces, communes et corps moraux constitués sous sa surveillance, à subventionner aussi la compagnie dans la mesure de leurs moyens. — L'ensemble des dons votés par les provinces et communes, en conformité de conventions préalables et de délibérations authentiques, s'élève à 2 millions ; ce qui porte à 6 millions la totalité des subventions acquises à la compagnie du chemin de fer de Savone.

La concession est de 99 ans, à dater du jour de l'ouverture de la ligne entière.

La Société est autorisée à percevoir, sur les voyageurs et les marchandises, le même tarif que celui appliqué aux chemins de fer de l'État et aux autres qui sont exploités dans le royaume; or, ce tarif est le même que celui concédé aux compagnies françaises, c'est à dire qu'il est fort avantageux.

Le gouvernement accorde, en outre, à la compagnie, l'introduction libre de tous droits de douane des fers, fontes, machines, voitures, et généralement de tous les objets nécessaires au chemin de fer ;

Le transport moyennant la moitié du tarif ordinaire, de tous ces mêmes objets, sur les chemins de fer de l'État ;

L'exemption des droits d'enregistrement, pour tous actes ayant trait à la concession du chemin de fer de Savone et à son exécution ;

La cession gratuite des terrains nécessaires à la ligne, partout où elle traverse des biens domaniaux ;

La préférence à tous autres demandeurs, pour les embranchements de la ligne de Savone ;

Enfin, diverses autres faveurs d'une importance très appréciable, et dont on peut se rendre compte en lisant le cahier des charges.

Un avantage notable à signaler est celui-ci :

La Compagnie de Savone ayant conduit son chemin jusqu'à Carmagnola, vient s'embrancher provisoirement sur le chemin de fer qui va de Coni à Turin. Or, le gouvernement a acheté depuis peu de temps cette ligne. Il suffira, pour que la Société de Savone fasse arriver ses convois jusqu'à Turin, de payer au gouvernement 15,000 fr. par an pour usage de la gare à Turin, et le dixième de la recette pour droit de passage sur les 26 kilomètres de Carmagnola à Turin.

Cette clause dispense la Société des frais considérables qu'aurait occasionnés la construction d'une entrée dans la capitale ; mais il est entendu que si le service venait à être entravé et à ne pas offrir la sécurité voulue, le gouvernement accorderait à la Société de Savone la faculté de pousser son chemin jusqu'à Turin, en suivant la route directe de Carignano.

Constitution de la Société; capital social, actions, obligations, revenu net.

Aux termes de l'art. 7 du cahier des charges, les concessionnaires sont autorisés à constituer, sous l'observation des lois du pays, une société anonyme, qui leur sera substituée dans leurs droits et obligations.

Cette Société, dont les statuts sont dressés, reposent sur les bases suivantes :

Capital social, 45 millions de francs, dont deux tiers, soit 30 millions représentés par 60 mille actions de 500 fr. chacune, et un tiers, soit 15 millions de francs à émettre plus tard sous la forme d'obligations, suivant les usages admis dans les affaires de chemins de fer.

Les six millions de subvention, accordés par l'Etat et par les provinces, sont destinés au service des intérêts et frais généraux pendant le temps de la construction.

Il est à remarquer, à ce propos, que la ligne, devant s'ouvrir section par section, donnera des produits longtemps avant d'être achevée.

Sur les 60 mille actions du capital social, un tiers, soit 20 mille actions ont été souscrites, en Piémont, par les provinces, les communes, les associations morales et les particuliers, tout le long de la ligne, depuis Savone jusqu'à Turin; et le gouvernement s'est empressé d'autoriser, par décret du 13 novembre dernier, les emprunts que les provinces ont à faire pour cet objet.

Des 40 mille actions dont les concessionnaires sont chargés, ils ont cédé une portion importante aux entrepreneurs et fournisseurs qui les ont souscrites, tant pour eux que pour les financiers et capitalistes leurs commanditaires.

Une partie encore a été attribuée à la Savoie, sur la demande des banques de ce pays.

Les dernières actions, enfin, appartiennent aux concessionnaires, qui admettent le public à les souscrire.

Quant aux obligations, elles seront émises lorsque le conseil d'administration le jugera opportun, à mesure de l'avancement des travaux, et de manière à ne point précipiter les versements. Les actionnaires auront la préférence pour les souscrire.

La durée de la construction est prévue, dans la concession, au-delà du temps nécessaire; la Compagnie, en effet, a six ans pour achever la ligne, et tout permet de compter qu'il ne faudra pas plus de quatre années.

Le revenu net du chemin a donné lieu aux mêmes calculs que l'étude des recettes, et les résultats concordent à peu de choses près, pour les trois évaluations différentes qui ont été faites.

En effet, des données fournies par la commission savonaise, on pouvait conclure à un revenu net de 6 1/4 à 6 1/2 0/0.

La commission de contrôle du gouvernement constate qu'il suffit d'une entrée de 29,254 fr. 79 c. de recette brute pour que le capital employé retire un intérêt net de 5 0/0. Or, nous avons vu que la recette serait de 35 à 36,000 fr. au moins, ce qui conduit au même résultat qui a été noté plus haut, c'est-à-dire 6 1/2 0/0.

Enfin, M. Paleocapa, dans son mémoire, démontre que, dès les premiers temps de l'exploitation, le revenu dépassera 5 0/0, et s'exprime ainsi :

« Les profits qui, évalués sur des bases *très restreintes*, sont assurés à ce
» chemin de fer, même dans les premières années de son exploitation, sont
» suffisants pour procurer aux capitaux employés un intérêt convenable,
» et en promettent ensuite un assez large. »

Ainsi que nous l'avons déjà dit plus haut, il faut tenir compte de la réserve que doit conserver un homme tel que M. Paleocapa, en raison de la légitime autorité qui s'attache à ses paroles et à ses écrits.

Nous nous appuyerons donc, une dernière fois, sur cette autorité, la plus compétente assurément dans la matière, pour terminer en affirmant la conclusion qui ressort des indications exposées ci-dessus.

CONCLUSION.

Le chemin de fer de Savone est d'une importance générale pour le Piémont.

Il répond aux besoins les plus sérieux de l'agriculture, du commerce intérieur et des relations internationales, ainsi qu'aux besoins stratégiques du pays.

Il est assuré, dès le principe, d'un produit brut de 35 à 36,000 fr. par kilomètre, c'est-à-dire d'un revenu d'au moins 6 1/2 pour cent.

Et après quelques années d'exploitation, le produit brut montant à 45,000 fr., le revenu net s'élèvera au moins à 8 pour cent.

Le présent assure donc au chemin de fer de Savone à Turin une existence certaine, un revenu très satisfaisant; l'avenir lui promet une prospérité croissante, qui le placera au niveau des entreprises les plus florissantes de la plus remarquable industrie moderne.

Paris, le 20 décembre 1859.

Les documents officiels et authentiques dont il a été fait mention dans la notice qui précède sont les suivants :

1° Discussion et avis du conseil général des chemins de fer, sur le projet d'un chemin de fer du port de Savone au Piémont. Séance du 12 juin 1856.

2° Adresse de la Chambre Royale d'agriculture et de commerce de Turin au ministre des finances, 5 juin 1856.

3° Discussion de la Chambre des députés, sur le second chemin de fer de Piémont à la mer, dans les séances des 18 et 19 mai 1857 (extrait de la *Gazette officielle*).

4° Compte-rendu de la réunion des délégués des communes à Turin, le 22 mars 1857.

5° Rapport fait à la commission centrale promotrice le 25 août 1857.

6° Recueil de chiffres officiels.

7° Considérations commerciales et économiques de la commission de Savone.

8° Collection des délibérations des divers conseils divisionnaires, provinciaux et communaux.

9° Rapport fait le 2 juin 1858 par la commission nommée par le gouvernement, le 19 décembre 1857, pour étudier la question générale du second chemin de fer de Piémont à la mer, et qui fixe le choix à faire parmi les divers projets.

10° Rapport, fait le 16 mars 1859, par la commission technique chargée, le 16 juillet 1858, d'examiner le projet du chemin de fer de Savone.

11° Considérations techniques et économiques sur le chemin de fer de Savone, par M. Paleocapa.

12° Loi présentée à la Chambre des députés pour la concession du chemin de fer de Savone, le 14 juin 1858.

13° Rapport de la commission des députés déposé à la Chambre le 28 juin 1858.

14° Décret de concession du 16 octobre 1859.

15° Cahier des charges de la concession.

16° Décret du 13 novembre 1859, autorisant la province à contracter des emprunts pour concourir à l'exécution du chemin de fer de Savone.

17° Plans, profils, devis, études des détails constituant l'ensemble du projet de la ligne.

TABLE DES MATIÈRES

Paris. — Imprimerie Serriere et Cᵉ, rue Montmartre, 123. — Fonderie. — Clicherie Galvanoplastie.

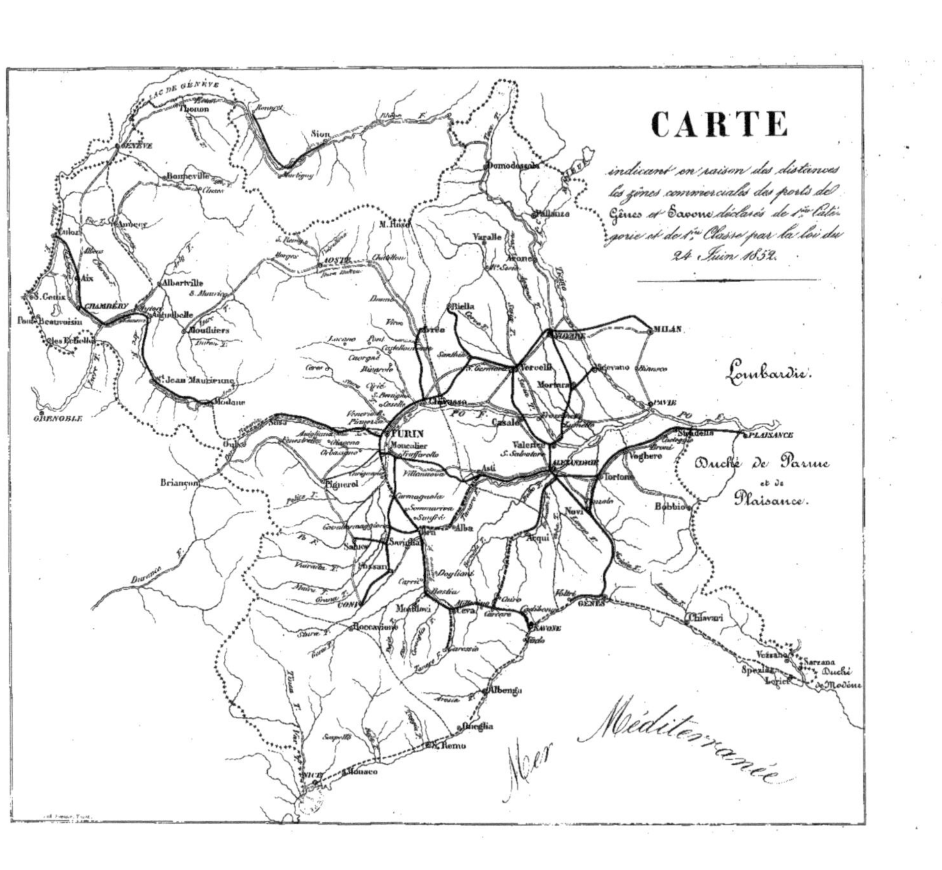

CARTE
indiquant en raison des distances les zônes commerciales des ports de Gênes et Savone déclarés de 1re Catégorie et de 1re Classe par la loi du 24 Juin 1852.
LAC DE GENÈVE
Thonon
Sion
Martigny
GENÈVE
Bonneville
Domodossola
Pallanza
Varalle
M. Blanc
AOSTE
Chatillon
Annecy
Albertville
S. Maurice
CHAMBÉRY
Aiguebelle
S. Genis
Aix
Moutiers
Pont Beauvoisin
Biella
St Jean Maurienne
Moriane
MILAN
IVRÉE
NOVARE
Vercelli
Novaro
Bianone
GRENOBLE
Mortara
Lombardie
PAVIE
Chivasso
Casale
PO
TURIN
Moncalier
Valence
ALEXANDRIE
PLAISANCE
Stradella
Grafforello
S. Salvadore
Voghère
Duché de Parme
Asti
Novi
Tortone
et de
Briançon
Pignerol
Villanova
Plaisance.
Carmagnole
Bobbio
Sommariva
Sanfré
Alba
Acqui
Saluces
Bra
Savigliano
Bastia
Dogliani
GÊNES
Chiavari
CONI
Mondovi
Ceva
Carcare
SAVONE
Vezzano
Sarzana
Duché
Spezzia
Lerici
de Modène
Roccavione
Albenga
Oneglia
S. Remo
Monaco
NICE
Mer Méditerranée

PLAN
du Port de Savone.
Habitations
de la
Ville de Savone.
Gare des Voyageurs commune aux deux Chemins de fer.
Pont de la Consolation.
Chemin de Fer de
Jardin.
Cimetière.
Route du Chantiere.
Nouvel Hôpital.
Promenade
Forteresse.
Chemin de Fer de Savone à Turin.
Place du Mole.
Plage.
Chemin de Fer de Savone à Turin.
Gare des Marchandises.
Chantier de Construction de Navires.
PORT
Ste Fontaine
Ste Lucie
Maison de Santé
Arsenal
Port
Grand
Plage St Jacques
Grotte
Colline de Valloria.
Mole en construction.
N.
Nouveau Mole
Mer Méditerranée.
Lith. Lemer. Paris.

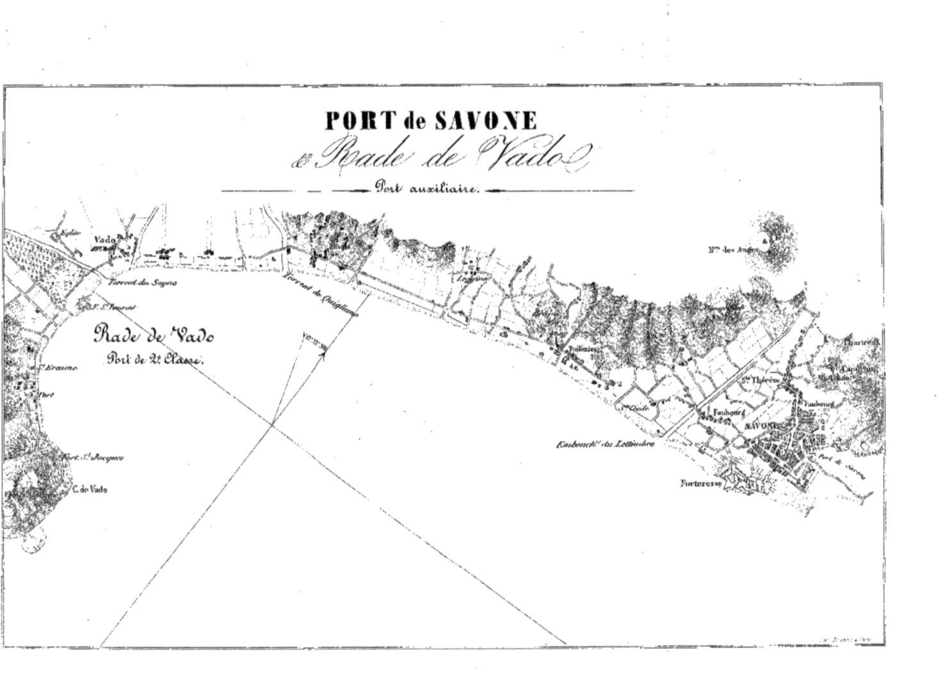

PORT de SAVONE
et Rade de Vado
Port auxiliaire.
Eglise
Vado
Torrent du Segno
F. S. Innocent
Rade de Vado
Port de 2e Classe.
S. Erasme
Fort
Fort S. Jacques
C. de Vado
Torrent du Quigliano
Mon des Anges
S. Thérèse
Quartier
Faubourg
S. Cécile
Faubourg
SAVONE
Embouche du Lettimbro
Port de Savone
Forteresse

9 782019 232610